AF144835

Manuel.D.Kohl

In Darkness, We Find Our Light

"In Darkness, We Find Our Light."

Manuel. D. Kohl

Vorwort

In den folgenden Seiten von "In Darkness, We Find Our Light" entführt uns Manuel D. Kohl auf eine tiefgründige Reise durch die verborgenen Winkel der menschlichen Erfahrung. Diese Sammlung aus Gedanken, Beobachtungen und philosophischen Betrachtungen entfaltet ein Panorama emotionaler Landschaften, die sowohl die dunkelsten Ecken unserer Seelen als auch die lichtdurchfluteten Höhen unseres Daseins erkunden.

Jedes Kapitel dieses Buches ist eine Meditation über die Kraft der menschlichen Seele, sich selbst in den tiefsten Momenten der Verzweiflung zu entdecken und neu zu definieren. Von der erstickenden Finsternis, die unser innerstes Wesen zu verschlingen droht, bis hin zu den zarten Strahlen des Morgenlichts, die Hoffnung und Erneuerung versprechen, führt uns Kohl durch eine narrative Landschaft, die reich an Metaphern und gefüllt mit poetischer Schönheit ist.

"In Darkness, We Find Our Light" ist mehr als nur eine literarische Reise. Es ist ein Aufruf zur Selbstreflexion und ein Versprechen, dass selbst in den dunkelsten Stunden ein Funken inneren Lichts uns den Weg weisen kann. Es ist ein Buch für jene, die sich verloren fühlen, für Suchende, die nach Bedeutung streben, und für jeden, der die schmerzhafte, doch erlösende Reise der Selbstfindung und -vergebung unternommen hat.

Indem wir die Fesseln der Vergangenheit ablegen, durch die Düsternis tanzen und die Masken der Gesellschaft ablegen, enthüllt Kohl, wie wir durch das Akzeptieren unserer tiefsten Ängste und Zweifel unsere wahrhaftigsten Selbst finden können. Diese Geschichten sind Spiegel, die uns nicht nur zeigen, was wir sind, sondern auch, was wir sein können.

Möge dieses Buch ein Leuchtfeuer für alle sein, die sich in den Schatten verirrt haben, ein Kompass, der uns lehrt, dass wahre Erleuchtung oft aus den dunkelsten Momenten erwächst. In den Zeilen dieser Seiten finden wir die Hoffnung, dass in der Dunkelheit nicht das Ende, sondern der Anfang eines neuen Verstehens und einer neuen Helligkeit liegt.

Herzkompass

In der Schwärze, tiefer und undurchdringlicher als eine mondlose Nacht auf hoher See, verlor ich mich. Mein Weg war verschwunden, nur mein eigener Atem unterbrach die Stille. Angst umklammerte mein Herz mit kaltem, festem Griff, wie die Hand eines Ertrinkenden. Doch in diesen Momenten der tiefsten Dunkelheit findet das Herz, schlagend und unerschütterlich, seinen eigenen Weg zum Licht. Es braucht kein Feuer, kein Sternenlicht; es ist das innere Leuchten, das sich einen Pfad aus der Finsternis bahnt. So erhob ich mich, mit jedem Herzschlag als Kompass, durch die Nacht dem Morgen entgegen.

Durch die Nacht zum Licht

Am Ende der Welt, wo der Horizont sich neigt und die Zeit ihre Schritte verlangsamt, würde ich warten. „Ewigkeit" – ein Wort, so leer und doch voll zugleich – würde ich füllen, nur um dein Gesicht einmal zu sehen, deine Stimme zu hören. Kein Meer wäre zu tief, keine Wüste zu trostlos, kein Berg zu steil. Ein Moment mit dir, das ist alles, was zählt. Die Kälte des Wartens würde sich in Wärme verwandeln, allein durch die Berührung deiner Hand. So stehe ich hier, in der endlosen Dämmerung, und warte auf das Licht deiner Augen.

Fesseln der Vergangenheit

Im stillen Raum meines Herzens, wo Worte wie Blätter im Wind verwehen, lerne ich langsam, die Türen zu öffnen, Türen, die lange verschlossen waren. Gefühle, sie fließen wie Wasser, mal sanft, dann wild, kaum zu fassen. Jahrelang eingedämmt hinter starken Dämmen, ängstlich, dass etwas mich überwältigen könnte. Doch leise, mit der Zeit, beginne ich zu verstehen, dass wahre Stärke im Fühlen liegt, nicht im Verbergen. In jedem Tränenmeer, in jedem Lachen, das frei bricht, findet mein Herz seinen Rhythmus, seinen eigenen Klang. Ich lerne, wie Blumen sich der Sonne zuwenden, mich zu öffnen, dem Licht, den Schatten, der Wärme. Jedes Gefühl, ob Freude, Trauer oder Angst, ist ein Schritt auf dem Pfad, der mich zu mir führt. So tanze ich im Regen meiner eigenen Stürme, umarme die Flammen meiner lange gedämpften Leidenschaft. Ich lerne zu lieben, ohne Furcht vor dem eigenen Herzen, erkennend, dass jedes Fühlen mich vollständiger macht. Mit jedem Atemzug, der alte Mauern einreißt, finde ich Frieden in dem, was ich einst fürchtete. Und in diesem zarten Werden und Wachsen, entdecke ich mich – unendlich, tief und wahr.

Vergebung in sich selbst

In einer kleinen Bar in Key West, wo das Licht
gedämpft und die Luft salzig war, saß er allein mit
einem Glas Rum. Er dachte über Vergebung nach –
nicht nur das Vergeben an andere, sondern auch
das Vergeben an sich selbst. Es war ein einfacher,
doch schmerzhafter Prozess: sich selbst zu lieben
lernen, trotz der Fehler und Brüche in seiner
eigenen Rüstung. Sich selbst zu hassen war
einfach; es erforderte keine Anstrengung, nur das
stetige Brennen eines inneren Feuers. Er hatte tief
und oft gehasst, doch mit der Zeit erkannte er, dass
es mühsamer war, diesen Hass zu tragen, als jedes
Gepäck, das er jemals geschleppt hatte.
Durchhalten, das war der Schlüssel. Durchhalten,
auch wenn jeder Atemzug schwerfiel, wenn jede
Erinnerung wie ein Messer in der Brust saß.
Vergebung war das Öl, das die verrosteten
Scharniere seiner Seele schmierte. Er leerte sein
Glas, stellte es ab und wusste, dass der nächste
Schritt – zu vergeben – der schwerste sein würde.
Doch er war bereit. Er musste es sein.

Am Rande des Winters

Im Zwielicht alter Äste, wo der Frost die letzten
Blätter küsst, erwacht ein tieferes Verstehen,
gewachsen aus den Jahreszeiten des Verlusts.
Erfahrung – ein stilles Gewässer, das in ruhigen
Nächten den Mond spiegelt, zeichnet Wege, die
unsichtbar sind für jene, die noch nie die Kälte
gespürt haben, die das Feuer der Jugend löscht.
Unter den Sternen, die leise flüstern, lernt die Seele
das Warten. Reife kommt nicht mit den Jahren,
sondern mit den Stürmen, die überstanden wurden.
Ein Baum, gezeichnet von vielen Wintern, steht
stolz, doch gebeugt – ein Zeichen für die Last der
Erkenntnis. Nicht der Frühling bringt Weisheit,
sondern das stetige Fallen der Blätter, das sanfte
Versprechen des Schnees, der alles bedeckt, was
einmal war, um Platz zu machen für das, was sein
wird. So stehen wir hier, am Rande des Winters,
bereit, das zu umarmen, was kommt, mit der
Geduld der Erde selbst, die weiß, dass nach dem
längsten Frost das zarteste Grün erblüht.

Gedanken

Bei einem Gang durch Lindensäume, wo das Licht
sanft durch Blätter tanzt, erwachen Gedanken, leise
wie Träume, von fernen Ländern, die mein Herz
umtanzen. Mit einem Buch in meiner Hand, dessen
Seiten Geschichte atmen und erzählen, finde ich
mich in einem verzauberten Land, wo Buchstaben
wie Blumen in Gärten wachsen, hell. Die Natur
spricht in Zungen so rein, jedes Blatt, jeder Zweig
erzählt seine Geschichte, in der Stille des Waldes
fühle ich mich nicht allein, sondern verbunden
durch ein unsichtbares Band der Dichtkunst.
Kreativität, ein zarter Keim in meinem Geist, nährt
sich von der Schönheit, die mich umgibt, in jedem
Buch, das ich leise preise, findet mein Verlangen
einen Ort, der ewig liebt. Hier, inmitten von Grün
und Gesang der Vögel, verschmelzen Sehnsucht
und Kunst zu einer Melodie, und in jedem sanften
Rascheln eines Buchblatts finde ich die Freiheit,
und mein Geist ist frei.

Maskerade der Geister

Inmitten des prunkvollen Saals der Tänze, wo die Kronleuchter ihr Licht auf Eitelkeiten werfen, flanieren die Geister der Gesellschaft, deren Weisheit so dünn ist wie die Seide ihrer Gewänder. Arroganz wandelt stolz auf hohen Sohlen, eine Krone aus Nichts, schwer auf dem Haupt, sie spricht in Zungen, doch ohne Seele, ihre Worte, leere Hülsen, im Wind verweht. Sarkasmus, der scharfzüngige Begleiter, tanzt umher, ein Grinsen, tief und weit, sein Spott schneidet durch die Luft, ein scharfes Messer, das Narren schneidet, doch die Narretei nie endet. Dummheit, ach, so laut und unbedacht, lacht in Ecken, wo Intellekt schweigend weint, ein fröhlicher Narr in einem Spiel ohne Gewinner, blind für die Ironie, die in seinen Reimen gedeiht. Doch Intellekt, der stille Beobachter, zieht sich zurück, ein Buch sein Schild, sein Schwert der spitze Witz, im Schatten der Dummheit, der Arroganz, des Sarkasmus, webt er Gedanken, fein und subtil, ein Gewebe aus Licht. So tanzt der Ball weiter, unter dem Blick des Mondes, eine Parade der Eitelkeiten, Masken, die niemals fallen, in diesem Spiel der Geister, wo jeder den anderen täuscht, und doch sich selbst am meisten betrügt.

Das Schauspiel des Unsichtbaren

n einer Welt, die von Oberflächen blendet, wo Farben täuschen und Lichter trügen, wandelt er, der die Welt nur fühlt und kennt, in Tiefen, die den Sichtbaren entfliehen. „Was siehst du in der Dunkelheit?", fragen sie, mit einem Lächeln, halb Mitleid, halb Spott. „Ich sehe das, was ihr nicht seht", antwortet er, „die Wahrheit, verborgen vor eurem täglichen Trott." Die Blindheit, die ihm die Welt in Farben versagt, öffnet die Türen zu verborgenen Räumen, wo die Echtheit nicht in Bildern, sondern in Taten liegt, und Menschen sind mehr als nur ihre Träume. Er hört die Lügen in den Stimmen, das Zittern der Angst, fühlt die Liebe im Zögern einer sanften Berührung, schmeckt den Neid in bitteren Worten, ganz unverhohlen, riecht den Stolz, der hinter demütigen Gesten lauert. „Ihr Sehenden", spricht er, „verfangen in euren Netzen, verfolgt ihr Schatten und jagt nach dem Licht, doch ich, in meiner Welt, finde die ungeschriebenen Gesetze, und sehe mehr in meinem ewigen Nachtgesicht." So lehrt uns der Blinde, dass wahres Sehen nicht genügt, mit Augen, die nur die Oberfläche erkennen. Es ist das tiefe Schauen, das unter die Haut fliegt, und die verborgenen Geschichten in uns benennen.

Im Schatten der Zweifel

Am Rand des Abgrunds, wo der Himmel sich mit der Leere vereint, stehe ich mit trockenen Lippen und zitternden Händen, gepeinigt von der Ungewissheit, die wie ein kalter Wind weht. Die Wege verzweigen sich, unsicher und unvorhersehbar, jeder Pfad eine Frage ohne Antwort, jedes Vor und Zurück ein Echo meiner Zweifel, die unaufhörlich in meinem Kopf widerhallen. Ich richte meinen Blick in die Tiefe der Schatten, suche nach einem Zeichen, einer Richtung, doch finde nur den gleichen dichten Nebel, der sich vor jede Gewissheit schiebt. Die Ungewissheit gräbt sich tief in meine Seele, lähmt meine Schritte, die einst sicher waren. Mit jedem zögernden Atemzug scheint sie zu sagen: „Du wirst niemals wissen, niemals sicher sein." So stehe ich, ein Schatten meiner selbst, gebrochen vom Gewicht des Nichtwissens, jede Hoffnung, die ich hatte, verschlungen von der Dunkelheit, jedes Stück Gewissheit von der Ungewissheit zersetzt. Und in dieser Zerstörung finde ich mich allein, mit nichts als dem Flüstern des Windes, der mir zuflüstert, dass manche Antworten vielleicht niemals ans Licht gebracht werden.

Sage dir folgende Affirmation immer wieder laut vor:

Trotz der Zweifel und Ungewissheit finde ich in mir die Kraft und den Mut, meinen Weg zu gehen und das Licht in mir zu entdecken.

Zwischen Morgen und Nie

In den Stunden, wo der Morgen zaudert und die
Sterne zögern zu verblassen, finde ich mich –
verloren zwischen Jetzt und Nie, gefangen in der
Ungewissheit, die wie Nebel wacht. Ein Schleier
aus Zweifel hüllt die Straßen ein, in denen ich
wandele, ohne Ziel. Jeder Schritt, ein Echo der
Fragen, die meine Träume heimsuchen, tief in der
Nacht. Die Ungewissheit, eine kalte Hand auf
meiner Brust, drückt leise, stetig, lässt das Herz
stocken. Mit jedem Atemzug, der schwerer wiegt,
fühle ich, wie Hoffnung leise aus mir weicht. Wie
Blätter, die der Herbstwind trägt, so zerbrechlich
sind die Pläne, die ich schmiede. Jedes
„Vielleicht", jedes „Könnte sein" baut Paläste aus
Sand an einem stürmischen Meer. Doch in diesem
Zögern, dieser stummen Qual, lerne ich das Wesen
meiner Seele kennen – zerbrechlich, ja, doch stark
in ihrem Kern, bereit zu wachsen, selbst im kalten
Hauch des Zweifels. So stehe ich hier, im Zwielicht
der Dämmerung, und finde Kraft in dem, was
ungewiss ist, denn auch im tiefsten Unbekannten
liegt ein Funke, der vielleicht, nur vielleicht, den
Weg zum Morgen erhellt.

Gegen die Dämmerung

Unter dem Dach der Nacht, wo Schatten flüstern, wächst die Angst, ein zähes Unkraut in meinem Garten. Sie kriecht leise entlang der Pfade meiner Gedanken, pflanzt Zweifel, wo einst Sicherheit blühte. Doch in dieser Dunkelheit, so dicht und erdrückend, erinnere ich mich an die Sterne, verborgen, doch ewig. Jeder ein leises Versprechen, dass Licht auch im Dunkeln besteht, ein Funken, unzerstörbar, trotz der umhüllenden Nacht. Leben in Angst – ein stummer Käfig, dessen Gitter aus Sorgen geflochten, eng und kalt. Doch jedes Herz, das schlägt, besitzt den Schlüssel, geformt aus Mut, geschmiedet in der Hitze der Herausforderungen. Nicht die Abwesenheit von Angst definiert den Mut, sondern das Tanzen im Regen der Unsicherheit, das Lachen, das durch die Stürme hallt, die Entscheidung zu leben, voll und ganz, trotz des Bangens. Also hebe ich mein Gesicht zum Himmel, trotze der Schwärze, suche die Sterne. Ich lehre meine Füße den Rhythmus der Hoffnung und tanze, entfesselt und frei. Denn kein Leben sollte in den Schatten verweilen, gefangen in der Angst,

Embers of Dawn

Es gibt keine Ruhe für mich in dieser Welt, die
Schatten flüstern, das Dämmerung erhellt. In tristen
Gassen, in nächtlicher Ruh', suche ich Frieden,
doch finde ihn nie.

Vielleicht in der nächsten, so denk' ich leise, führt
mich ein Pfad aus dieser Reise. Durch dichte
Nebel, durch wirres Gekrächz, wo Stille wohnt und
Sorgen zerfetzt.

Doch plötzlich, im Zwielicht, ein Funke erwacht,
ein Glimmen des Lichts in der finstersten Nacht.
Das Herz pocht leise, die Seele erhellt, die
Hoffnung erwacht, die Zweifel zerfällt.

Die Finsternis weicht, der Morgen erwacht, ein
Strahl des Lichts durch die tiefste Nacht. Hier in
dieser Welt, inmitten der Qual, find' ich den
Frieden, so zart, so real.

In den Augenblicken, die schwer und stumm, liegt
eine Melodie, zart und voll Blum'. Vielleicht nicht
die Ruhe, doch ein sanftes Glück, das mich umhüllt
und leise zurück.

Denn auch in der Düsternis, so finster und starr,
blüht eine Hoffnung, sanft und klar. In dieser Welt,
so grau und still, finde ich Frieden, wie ich es will.

Stimmen Der Hoffnung - Kapitel 2 - 5

In Stille über Einsamkeit

Die Seele frei, Einsamkeit zieht vorbei. Die Nacht
wird länger, der Tag erwacht. Im Schatten der
Dunkelheit entfacht ein Funke. Ein leiser Begleiter,
der bunte Schein, entfacht das Licht und lässt es
nicht allein. Fragen kreisen, bringen Mut: Wird
mein Licht gesehen, wird alles gut? Einsamkeit, ein
zartes Band, in der Tiefe, wo Hoffnung stand. Denn
manchmal, im Verborgenen, leuchtet unser Licht,
ungeborgen. So wandern wir durch die Nacht, mit
Zuversicht, die in uns erwacht. Unser Licht wird
hell erkannt, in der Dunkelheit, in der wir standen.

Angst im Nacken

Inmitten der Ruhe, die Seele schwer, drückt die Angststörung so sehr. Gedanken wirbeln, der Atem stockt, im Schatten der Furcht, das Herz geblockt. Doch tief in dir, ein Funke klein, kann Mut entfachen, lässt dich nicht allein. Atme tief, lass los die Last, die innere Stärke hält dich fest. Ein Schritt nach vorn, so schwer er scheint, mit jedem Schritt die Angst verneint. Hilfe suchen, Worte teilen, Licht im Trüben, Ängste heilen. Vertrau auf dich, du bist nicht schwach, die Kraft in dir bringt Hoffnung wach. Jeder Tag ein neuer Start, mit Mut und Zuversicht im Herzen verwahrt. So wandelst du durch die Zeit, mit Zuversicht, die in dir erwacht. Dein Licht wird hell, die Angst gebannt, in den Momenten, in denen du standst.

Sage dir folgende Affirmation immer wieder laut vor:

Ich finde in mir die innere Stärke und den Mut, die Angst zu überwinden und die Hoffnung zu bewahren. Mit jedem Schritt werde ich stärker und lasse das Licht in mir erstrahlen.

Die Natur

Ein Wunder, das unsere Seele entfacht. Die Wälder
flüstern, die Berge stolz, die Flüsse murmeln, das
Wasser wie Gold. Blumen blühen, Farben so rein,
Lebenszeichen im warmen Sonnenschein.
Dankbarkeit füllt unser Gemüt, für die Natur, die
uns erhellt. Jeder Baum, ein stiller Zeuge, jedes
Tier, ein leises Gehege. Verbunden sind wir, durch
Raum und Zeit, in der Natur, in ihrer Ewigkeit.
Schweitzer mahnte Ehrfurcht, Einstein das
Staunen, gemeinsam erkannten sie des Lebens
Raunen. Lasst uns schützen, was uns gegeben, in
Liebe und Dankbarkeit, im Streben. Denn in der
Natur finden wir den Sinn, ein ewiger Kreislauf,
ein neuer Beginn. Mit Seelen, die sehen, und
Augen, die verstehen, wie schön die Natur ist, und
wir dürfen bestehen.

Lichter der Erneuerung

In einer Stadt, die von hohen Mauern umschlossen und von Nebel durchdrungen war, wanderte ein Mann allein durch die Straßen. Seine Schritte hallten auf dem nassen Pflaster wider, ein einsames Klacken in der Stille, das nur vom gelegentlichen, entfernten Bellen eines Hundes durchbrochen wurde. Die Luft war schwer, erfüllt von einer Kälte, die sich in die Knochen fraß und den Geist lähmte.Der Mann trug die Last seiner Frustration wie eine unsichtbare, drückende Last auf seinen Schultern. Tag für Tag das gleiche Ritual, das gleiche zermürbende, endlose Kreisen um dieselben Probleme. Nichts änderte sich, und doch änderte sich alles, wie das Wasser eines Flusses, das niemals dasselbe bleibt, auch wenn der Fluss selbst unverändert durch das Land zieht.

In den Augenblicken, in denen er sich am meisten gefangen fühlte, suchte er Zuflucht in den alten, verlassenen Gebäuden am Stadtrand. Dort, umgeben von verfallenden Wänden und unter freiem Himmel, erlaubte er sich, die Grenzen seiner Existenz zu betrachten. Die Frustration, die ihn bei Tag quälte, verwandelte sich in der Einsamkeit der Nacht in eine wilde, rohe Energie, die nach Freiheit schrie.Es war eine rohe und ungestüme Form der Erleichterung, ein Kampf gegen die eigene Erstarrung. Er schrieb Worte in ein abgenutztes Notizbuch, Worte, die wie Schüsse in der Dunkelheit hallten, direkte und unverfälschte Ausdrücke seines Innersten.

Jedes Wort, das auf das Papier traf, war ein Schlag gegen die Mauern seiner eigenen Beschränkungen, ein verzweifelter Versuch, den Schleier der Monotonie und Resignation zu durchbrechen, der seinen Alltag umhüllte.Manchmal, wenn die Morgendämmerung den Himmel in ein blasses Blau tauchte, fühlte er eine stille Akzeptanz.

Die schmerzhafte Schönheit des Kampfes, die Erkenntnis, dass in jedem Versuch, sich selbst zu übertreffen, eine Form von Triumph lag. Mit jedem neuen Tag, jeder neuen Zeile, die er schrieb, und jedem Schritt, den er in jenen alten Ruinen tat, fand er einen Weg, mit seiner Frustration umzugehen – nicht indem er sie besiegte, sondern indem er sie als Teil seines Weges akzeptierte. Die Stadt erwachte langsam zum Leben, der Nebel lichtete sich, und er kehrte zurück in Gassen, bereit, den Tag zu beginnen, bewaffnet mit der stillen Gewissheit, dass der Kampf selbst bereits eine Form desSieges war.

Sturm

Auch wenn das Leben oft dich niederdrückt, Halt'
stand und gib nicht auf, auch wenn es plagt. Kopf
hoch im Sturm, ein kleines Stück, Die Finsternis
vergeht, auch wenn es nagt.

In tiefster Schwärze, wenn alles grau, Erinnere dich
an Licht, das leise flüstert. Bleib' bei dir, sei dir treu
und bau' Auf innere Stärke, die stets dich
rüstet.Denn in der Finsternis liegt oft der Keim, Für
neues Leben, Hoffnung und Verstehen. Du bist
nicht allein, im Herzen stets daheim, Durch
Schwärze wirst du bald das Licht sehen.

Die Psyche stark, der Geist so frei, Ein tiefes
Atmen, ein sanftes Lächeln. In dir wohnt Kraft, die
hält dich bei, Auch wenn die Wellen über dir
brechen.Erinnere dich: Jede Schwärze vergeht, Der
Morgen kommt, bringt neues Licht. Dein Weg ist
wertvoll, wie er auch steht, Mit jedem Schritt
erkennst du dich.So halte durch, auch wenn es
schwer, Sei mutig, stark, verliere nie die Sicht. Das
Leben ruft, es fordert mehr, Doch in dir lebt ein
ewig strahlend Licht.

Sage dir folgende Affirmation immer wieder laut
vor:

Ich bin stark und widerstandsfähig, halte meinen Kopf hoch und vertraue darauf, dass das Licht immer wieder durch die Finsternis bricht. In meinem Herzen finde ich stets die innere Stärke und Kraft, die mich weiterträgt.

Mutig

Es braucht viel Mut für die Liebe, Wir können uns verstecken, Uns immer wieder sagen, "Ich kann nicht, weil...", und weichen den Wegen.Doch was, wenn wir den Mut ergreifen, Unser Herz weit öffnen, nicht mehr schweigen, Die Liebe einlassen, sie fließen lassen, Hoffnung erwecken, Ängste verblassen.Statt sich zu verbergen, vor Schmerz zu flüchten, Die Wärme der Liebe in uns erblühen, Den Weg gemeinsam, nicht allein, In Liebe stark, im Herzen rein.Es braucht viel Mut für die Liebe, Doch dieser Mut, er lohnt sich sehr, Er öffnet Türen, lässt uns heilen, Und führt uns zueinander, näher und mehr.

Sage dir folgende Affirmation immer wieder laut vor:

Ich habe den Mut, mein Herz zu öffnen und die Liebe in mein Leben zu lassen.

Die goldene Regel

In Weisheit tief, durch Zeiten gewebt, Ein Wort, das in den Herzen lebt. Des Lebens Regeln, golden fein, In ihnen birgt sich wahre Pein.

„Was du nicht willst, dass man dir tut, Das füg auch keinem andern zu." Ein Leitsatz klar, von alter Pracht, In Menschenseelen stets erwacht.In Liebe soll der Mensch sich messen, Nicht Hass, nicht Neid, nicht fremdes Pressen. Die Hand, die gibt, die Hand, die heilt, Des Lebens Pfad sich leicht gestaltet.

Durch Gunst und Freundschaft führt der Pfad, Des Lebens reicher, voller Tat. Wer Gutes sät, wird Gutes ernten, In jedem Schritt die Herzen wärmen.Ein Menschenkind, das Liebe spendet, In seinem Tun stets Freude fändet. Am Ende steht der Lohn bereit, Im Strahlenlicht der Ewigkeit.

Die goldene Regel, stets bedacht, Sie führt zum Ziel mit sanfter Macht. Wer sie befolgt, dem wird's gelingen, Am Ende wird er siegreich singen.In Weisheit klar, in Worten rein, Erstrahlt die Regel, edel, fein. Wer anderen Gutes stets vergibt, Der siegt, weil er das Leben liebt.

Die Geschichte von Lina - Kapitel 3 - 5

Die Geschichte von Lina: Der Weg aus der Dunkelheit

Lina war ein fröhliches und lebenslustiges Mädchen. Ihre Augen strahlten wie Sterne und ihr Lachen war ansteckend. Doch hinter diesem Lächeln verbarg sich eine Welt voller Schmerz und Angst, die sie niemandem zeigte. Sie war gefangen in einer Beziehung mit Tom, einem narzisstischen und manipulativen Mann, der ihr Leben zur Hölle machte.Tom war charmant und charismatisch, als Lina ihn zum ersten Mal traf. Er umwarb sie mit Geschenken und Komplimenten, machte ihr das Gefühl, etwas Besonderes zu sein. Doch bald zeigte er sein wahres Gesicht. Die Komplimente verwandelten sich in Kritik, die Geschenke in Werkzeuge der Kontrolle.

Lina begann, ihre eigenen Bedürfnisse zu vernachlässigen, um Tom zu gefallen. Er isolierte sie von ihren Freunden und ihrer Familie, machte sie emotional abhängig. Wenn sie versuchte, sich zu wehren, folgte körperliche Gewalt. Doch die psychologische Manipulation war noch schlimmer. Tom machte ihr ständig Vorwürfe, ließ sie an sich selbst zweifeln und zerstörte ihr Selbstwertgefühl.

Der Kreislauf der Manipulation

Tom nutzte klassische Manipulationstechniken, um Lina zu kontrollieren. Er wendete das Gaslighting an, indem er sie immer wieder davon überzeugte, dass ihre Wahrnehmung der Realität falsch war. "Du übertreibst immer, Lina", sagte er, wenn sie seine Aggressionen ansprach. "Das war doch nur ein Spaß." Diese Techniken führten dazu, dass Lina sich immer unsicherer fühlte. Sie begann, an ihrem eigenen Verstand zu zweifeln, fühlte sich hilflos und ausgeliefert. In der Psychologie nennt man diesen Zustand "erlernte Hilflosigkeit" – wenn eine Person das Gefühl hat, dass sie keine Kontrolle über ihre Situation hat, gibt sie irgendwann auf, überhaupt etwas zu versuchen.

Der Wendepunkt

Eines Nachts, als Tom wieder einmal handgreiflich wurde, spürte Lina einen Funken in sich aufglimmen. Es war der Funke ihres Überlebensinstinkts, den sie tief in sich vergraben hatte. Sie wusste, dass sie etwas ändern musste, um zu überleben. Sie begann heimlich, sich Informationen über Missbrauch und Narzissmus anzueignen, las Bücher und besuchte Online-Foren.

Lina erkannte, dass sie nicht alleine war und dass es einen Ausweg gab. Der erste Schritt war, sich Hilfe zu suchen. Sie wandte sich an eine Beratungsstelle für Opfer häuslicher Gewalt. Dort fand sie Unterstützung und begann, einen Plan zu schmieden, um Tom zu verlassen.

Der Ausbruch aus der Dunkelheit

Mit der Hilfe der Beraterin erarbeitete Lina einen detaillierten Fluchtplan. Sie sammelte wichtige Dokumente, legte Geld beiseite und fand einen sicheren Ort, an dem sie unterkommen konnte. Der Tag, an dem sie ging, war der schwierigste ihres Lebens. Tom war nicht zu Hause, und Lina nutzte die Gelegenheit, um all ihre Sachen zu packen und zu fliehen.

Der Neubeginn

Die ersten Wochen in Freiheit waren schwer. Lina kämpfte mit Angst und Schuldgefühlen, doch sie blieb stark. Sie begann eine Therapie, um die psychologischen Wunden zu heilen, die Tom hinterlassen hatte. Ihr Therapeut half ihr, ihr Selbstwertgefühl wieder aufzubauen und die Kontrolle über ihr Leben zurückzugewinnen.

Lina lernte, sich selbst zu lieben und ihre eigenen Bedürfnisse zu respektieren. Sie fand einen neuen Job, schloss neue Freundschaften und entdeckte Hobbys, die ihr Freude bereiteten. Langsam aber sicher kehrte das Strahlen in ihre Augen zurück.

Der psychologische Hintergrund

Linas Geschichte ist ein Beispiel für den schädlichen Einfluss von narzisstischem Missbrauch und den schwierigen, aber möglichen Weg zur Heilung. Die Manipulationstechniken, die Tom anwandte – Gaslighting, Isolation, emotionale Erpressung – sind typische Methoden, die Narzissten verwenden, um Kontrolle auszuüben. Der Weg zur Heilung erfordert oft professionelle Unterstützung, um das Selbstwertgefühl wieder aufzubauen und die erlernte Hilflosigkeit zu überwinden.

Lina zeigte, dass es möglich ist, sich aus einer toxischen Beziehung zu befreien und ein erfülltes Leben zu führen. Sie ist ein Symbol für Hoffnung und Stärke, ein Beweis dafür, dass selbst in den dunkelsten Momenten ein Lichtschein am Ende des Tunnels wartet.

Das Gedicht von Lina

Ein Lächeln hell, doch Schmerz verborgen, In einer Welt voll Angst und Sorgen. Gefangen, eingeengt von Macht, Ein Wesen, das im Dunkeln wacht.Ein Charme, der Herzen erst gewann, Doch bald die wahre Fratze dann. Geschenke wurden Ketten schwer, Komplimente, Worte leer.Die eigenen Wünsche unterdrückt, Von Freund und Welt entfernt, entrückt. Im Netz der Macht, das Herz zerbricht, Die Seele schreit, doch niemand spricht.Die Psyche tief, vom Zweifel blind, Das Selbstwert, das im Nichts verschwind. Die Flamme tief im Innern wacht, Ein Funke, der die Flucht entfacht. Mit Mut und Wissen, Schritt für Schritt, Ein Plan, der sie aus Dunkelheit mitnimmt. Dokumente, Geld beiseite legt, Ein sicherer Ort, den sie erträgt. Die Freiheit, schwer und doch so nah, Die Seele kämpft, sie wird nicht rar. Therapie heilt Wunden tief, Das Selbstwert, das sie neu erschlief.Neue Freundschaft, Freude kehrt, Das Strahlen, das nie ganz verwehrt. Ein Neubeginn, der Mut verleiht, Ein Leben, das sich selbst befreit.Aus Manipulation tief befreit, Ein Leben, das zur Heilung neigt. Im Dunkel, stets das Licht gesucht, Das Herz, das in die Freiheit flucht.Ein Zeichen der Hoffnung, stark und klar, Ein Leben, das einst schmerzlich war. Doch nun im Strahlen, hell und rein, Ein Weg, der siegt, in Ewigkeit dein.

Positive Affirmation aus Linas Gedicht zum laut vorsagen:

Ich bin stark, frei und voller Licht, mein Herz heilt und mein Weg führt mich zu dauerhafter Freude und Sieg.

Kraft der Gelassenheit

Inmitten dunkler Schatten, dort tief im Innern drin, Wo Ängste wild erwachen, beginnt der Kampf im Sinn. Doch halte inne, atme, fühl die Ruhe, die entsteht, Wenn Geist und Seele flüstern, dass alles auch vergeht.

Sei sanft zu dir, sei freundlich, erkenn, was du vollbracht, Die Stärke, die in dir ruht, erwacht in dunkler Nacht. Du bist mehr als die Angst, bist Licht und auch Verstand, Ein Kämpfer für die Freiheit, mit festem Herz und Hand.So steh' nun auf, sei mutig, der Angst zum Trotz bereit, Du bist der Herr deiner Seele, in dir wohnt Klarheit, Weit'. Ein Schritt, ein Atemzug, ein Leben voller Kraft,

Vertreibt die dunklen Schatten, bis die Angst
verschlafft.

Atemtechnik nach Dr. Andrew Weil.

Habt ihr schon mal was von Dr. Andrew Weil
gehört? Er hat die 4-7-8 Atemtechnik erfunden. Dr.
Weil ist ein renommierter Arzt und ein Pionier der
integrativen Medizin. Er kombiniert in seiner
Praxis traditionelle medizinische Ansätze mit
alternativen Heilmethoden, um eine umfassendere
und ganzheitlichere Gesundheitsversorgung zu
bieten.

Dr. Weil hat die 4-7-8 Atemtechnik basierend auf
alten yogischen Atemtechniken entwickelt. Diese
Methode dient dazu, das Nervensystem zu
beruhigen, den Geist zu entspannen und Stress
abzubauen. Durch die bewusste Kontrolle des
Atems kann man eine tiefere Entspannung und ein
größeres Wohlbefinden erreichen.

Die Technik selbst ist einfach anzuwenden und
erfordert keine speziellen Hilfsmittel, was sie ideal
für den täglichen Gebrauch macht. Sie ist
besonders nützlich in Stresssituationen oder vor
dem Schlafengehen, um den Geist zu beruhigen

und einen erholsamen Schlaf zu fördern. Viele Menschen haben berichtet, dass sie durch regelmäßige Anwendung dieser Technik eine deutliche Verbesserung ihrer allgemeinen Entspannung und Stressbewältigung erfahren haben.

Anwendung der 4-7-8 Atemtechnik

Die 4-7-8 Atemtechnik ist eine einfache, aber wirksame Methode, um Stress abzubauen und sich zu beruhigen. Hier ist eine Schritt-für-Schritt-Anleitung, wie du diese Atemtechnik anwenden kannst:

Finde eine bequeme Position: Setze dich gerade hin, mit einer aufrechten Haltung. Du kannst diese Technik auch im Liegen anwenden.

Bereite dich vor: Lege die Zungenspitze leicht gegen den Gaumen, direkt hinter deine oberen Vorderzähne. Halte sie während der gesamten Übung dort.

Atme vollständig aus: Atme durch den Mund aus, mache dabei ein sanftes „Whoosh"-Geräusch.

Atme ein (4 Sekunden): Schließe deinen Mund und atme leise durch die Nase ein, während du bis 4 zählst.

Halte den Atem an (7 Sekunden): Halte den Atem an und zähle dabei bis 7.

Atme aus (8 Sekunden): Öffne deinen Mund und atme vollständig aus, während du bis 8 zählst, und mache dabei wieder ein „Whoosh"-Geräusch.

Wiederhole: Dies zählt als ein Atemzug. Wiederhole diesen Zyklus insgesamt vier Mal.

Tipps für die Anwendung

Regelmäßige Praxis: Übe diese Technik zweimal täglich, um ihre Wirksamkeit zu maximieren. Du kannst sie morgens nach dem Aufwachen und abends vor dem Schlafengehen anwenden.

Geduld: Es kann einige Übungsrunden dauern, bis du die volle beruhigende Wirkung spürst. Bleib geduldig und konsistent.

Anwendung in Stresssituationen: Wenn du dich gestresst oder ängstlich fühlst, kannst du diese Atemtechnik sofort anwenden, um dich zu beruhigen.

Die 4-7-8 Atemtechnik kann helfen, deinen Geist zu beruhigen, Stress abzubauen und ein Gefühl der inneren Ruhe zu fördern.

Neue Horizonte - Kapitel 4 - 5

Der Junge, der die Stille liebte

Es war einmal ein kleiner Junge namens Max, der in einer modernen Kleinstadt am Rande eines großen Naturparks lebte. Max war ein ungewöhnlicher Junge, denn er liebte Tiere mehr als Menschen. Während andere Kinder gerne miteinander spielten, verbrachte Max seine Zeit lieber mit den Tieren im Park. Er fühlte sich verstanden und akzeptiert von den Vögeln, Füchsen und Eichhörnchen, die seine einzigen wirklichen Freunde waren.

Max war sehr wild und konnte manchmal verrückte Sachen machen, um Aufmerksamkeit zu bekommen. Er kletterte auf die höchsten Spielplatzgeräte, sprang über Bäche und versteckte sich in den dichten Büschen, nur um die Stadtbewohner auf sich aufmerksam zu machen. Doch so sehr er sich auch anstrengte, die Menschen schenkten ihm nur flüchtige Blicke und ein kurzes Lächeln, bevor sie sich wieder ihren eigenen Angelegenheiten zuwandten.

Sein wildes Verhalten war nur eine Seite von Max. Tief in seinem Inneren war er sehr zurückhaltend und schüchtern. Er hatte Schwierigkeiten, sich anderen Menschen zu öffnen und fühlte sich oft einsam. Die Tiere waren die einzigen Wesen, bei denen er sich wirklich wohl und verstanden fühlte. Sie urteilten nicht über ihn, egal wie verrückt oder ruhig er war.

Eines Tages, als Max durch den Park streifte, fand er ein kleines, verletztes Rehkitz. Es hatte sich den

Fuß verstaucht und konnte nicht mehr laufen. Max wusste sofort, was zu tun war. Er baute dem Rehkitz ein kleines Nest aus weichen Blättern und Moos und versorgte es mit Wasser und Beeren. Er verbrachte Stunden damit, bei dem Rehkitz zu sitzen, ihm leise zuzusprechen und es zu beruhigen.

Nach einigen Tagen war das Rehkitz stark genug, um wieder auf die Beine zu kommen. Es folgte Max durch den Park, als wäre er sein Beschützer. Als die Stadtbewohner das sahen, waren sie beeindruckt. Sie hatten noch nie gesehen, wie jemand so liebevoll und geduldig mit einem verletzten Tier umging. Sie begannen, Max mit anderen Augen zu sehen und erkannten, dass seine Liebe zu den Tieren etwas Besonderes war.

Eine Frau aus der Stadt, Frau Müller, die als Kinderpsychologin arbeitete, bemerkte Max' besondere Gabe. Sie sprach mit ihm und erfuhr von seiner Liebe zu den Tieren und seiner Einsamkeit. Frau Müller verstand, dass Max' wildes Verhalten ein Ruf nach Aufmerksamkeit war. Sie beschloss, ihm zu helfen, diese Aufmerksamkeit auf eine positive Weise zu bekommen.

Frau Müller ermutigte Max, der Stadtgemeinschaft von seinen Abenteuern mit den Tieren zu erzählen. Sie half ihm, seine Geschichten in kleinen Vorträgen und durch soziale Medien zu präsentieren. Anfangs war Max sehr schüchtern, aber mit der Unterstützung von Frau Müller und den neugierigen Blicken der Stadtbewohner, begann er langsam aufzublühen.

Die Stadtbewohner waren fasziniert von Max' Geschichten und seiner Fähigkeit, sich um die Tiere zu kümmern. Sie begannen, ihn um Rat zu fragen, wenn ihre eigenen Haustiere Hilfe brauchten. Max fühlte sich zum ersten Mal wirklich akzeptiert und wertgeschätzt.

Mit der Zeit lernte Max durch Frau Müllers psychologische Ansätze, dass er keine verrückten Sachen machen musste, um Aufmerksamkeit zu bekommen. Durch Techniken wie Achtsamkeit und Selbstwertübungen entdeckte er, dass seine wahre Stärke in seiner Liebe und Fürsorge für die Tiere lag. Durch diese Erkenntnis gewann er nicht nur die Aufmerksamkeit der Menschen, sondern auch deren Respekt und Freundschaft.

Und so lebte Max weiter in seiner modernen Kleinstadt am Rande des großen Naturparks, nicht mehr als der wilde Junge, der um Aufmerksamkeit bettelte, sondern als der liebevolle Freund der Tiere, der wusste, dass er genauso wertvoll war, wie er war. Die Stadtgemeinschaft lernte, dass wahre Aufmerksamkeit und Anerkennung durch Verständnis und Mitgefühl entstehen, und Max fand seinen Platz in einer Welt, die ihn endlich so akzeptierte, wie er war.

Das Lied der Stille

In einer Stadt, am Waldesrand, da war ein Herz, das Ruhe fand. Im Schatten von des Waldes Pracht, erkannte es der Tiere Macht. Die Kinder spielten, laut und frei, doch eines zog es stets herbei. Zu Tieren, die im Walde leben, fand es den Trost, den sie ihm geben. Durch wilde Taten suchte Hand nach Aufmerksamkeit im fremden Land. Doch tiefer drinnen, schüchtern, still, war's Herz, das Menschen meiden will. Im Park, da fand es eines Tags, ein Wesen klein, verletzt, und zag. Mit weichen Blättern, Moos und Ruh, gab's Pflege, heilend, Trost dazu. Die Menschen sahen, staunten leise, wie liebevoll, auf seine Weise, ein Herz den Heilungsweg bestritt, und zärtlich, still die Wunde schritt. Ein weises Wort, ein Blick so klar, erkannte, was verborgen war. Das Herz in Stille Liebe fand, durch Worte und durch helfend' Hand. Erzählend von des Waldes Macht, von Tieren, deren Heilung lacht, erblühte still das Herz so fein, im Licht der Achtung, nicht allein. Durch Achtsamkeit und Selbstwertkraft, entstand die Stärke, die es schafft, die wahre Macht im Geist zu sehn, und nicht durch wilde Taten gehn. So lehrt uns diese stille Kraft, dass Liebe, Fürsorge erschafft, den wahren Wert in jeder Zeit, im Herzen liegt die Menschlichkeit. Die Stadt, sie lernte still und fein, dass wahre Achtung

kann gedeihn, durch Mitgefühl und tief Verstehn, so kann die Welt vereint bestehn.

Sage dir folgende Affirmation immer wieder laut vor:

Ich finde Ruhe und Kraft in der Stille und werde für meine Achtsamkeit und Mitgefühl geschätzt.

Der Junge, der die Stille liebte Teil II

Als Max durch Frau Müllers Anleitung mehr über sich selbst lernte, entwickelte er nicht nur ein tieferes Verständnis für seine eigenen Bedürfnisse und Ängste, sondern auch für die Dynamiken der menschlichen Beziehungen. Er erkannte, dass seine Liebe zu den Tieren ein Spiegelbild seines eigenen Wunsches nach Akzeptanz und Zugehörigkeit war. Durch die Unterstützung und Ermutigung von Frau Müller und der Gemeinschaft begann Max, sich auf eine Reise der Selbstentdeckung und Heilung zu begeben.

Eines Abends, als der Himmel in einem zarten Rosa erglühte und die Vögel ihr Abendlied sangen, saß Max auf einer alten Parkbank und reflektierte über seine Reise. Er dachte an die Tage, an denen er sich einsam und unverstanden fühlte, und verglich sie mit dem jetzigen Moment, in dem er sich zum ersten Mal in seinem Leben wirklich akzeptiert und wertgeschätzt fühlte. Er erkannte, dass die Stille, die er einst so sehr liebte, ihm die Möglichkeit gegeben hatte, in sich selbst hineinzuhören und seine eigene innere Stärke zu entdecken.

Die Stadtbewohner, die Max einst nur flüchtig wahrgenommen hatten, begannen nun, seine Weisheit und seine Fähigkeit, die Bedürfnisse anderer zu erkennen, zu schätzen. Max wurde zu einem stillen Führer, einem Vermittler zwischen der menschlichen Welt und der Natur. Seine Geschichten und Erfahrungen inspirierten viele, sich mehr mit der Natur zu verbinden und die Schönheit und Heilkraft der Stille zu entdecken.

In einer besonderen Begegnung mit Frau Müller sprach Max über seine tiefsten Gedanken und Gefühle. „Ich habe immer gedacht, dass ich anders bin, weil ich die Gesellschaft der Tiere der der Menschen vorziehe," sagte er leise. Frau Müller lächelte und legte eine Hand auf seine Schulter. „Max, in deiner Verbindung zu den Tieren liegt eine außergewöhnliche Gabe. Du hast die Fähigkeit, das Unausgesprochene zu verstehen und zu fühlen, was andere nicht wahrnehmen können. Diese Gabe ist ein Geschenk, das du mit der Welt teilen kannst."

Max nahm diese Worte tief in sich auf und fühlte eine neue Art von Frieden in seinem Herzen. Er begann, regelmäßig Achtsamkeitsübungen zu praktizieren und sich auf seine Atmung und seine inneren Empfindungen zu konzentrieren. Diese

Übungen halfen ihm, in der Gegenwart zu bleiben und seine Gedanken zu beruhigen. Er lernte, dass er, genau wie die Tiere, ein Teil des großen Kreislaufs des Lebens war und dass seine Existenz wertvoll und bedeutungsvoll war.

Mit der Zeit fand Max eine Balance zwischen seiner Liebe zur Natur und seiner Fähigkeit, mit Menschen in Verbindung zu treten. Er gründete eine kleine Gemeinschaftsinitiative, die „Freunde der Stille", in der Menschen zusammenkamen, um Achtsamkeit und Mitgefühl zu praktizieren. Sie verbrachten Zeit im Naturpark, lernten von Max über die Heilungskräfte der Natur und entdeckten die tiefe Freude und den Frieden, den die Stille bringen konnte.

Max' Reise war eine von Selbstentdeckung und Akzeptanz, eine Geschichte von einem Jungen, der durch die Liebe zur Natur und die Unterstützung einer verständnisvollen Gemeinschaft seine wahre Stärke fand. Die Stadt lernte durch Max, dass wahre Verbindung und Heilung durch Mitgefühl und Verständnis entstehen. Max fand nicht nur seinen Platz in der Welt, sondern half auch anderen, ihre eigene innere Ruhe und Kraft zu entdecken.

Und so, in einer Stadt am Rande eines großen Naturparks, lebte Max weiter als der liebevolle Freund der Tiere und ein weiser Führer für die Gemeinschaft. Seine Geschichte wurde zu einer Inspiration für viele, die die Schönheit der Stille und die Kraft des Mitgefühls entdecken wollten. Die Stadt blühte auf, nicht nur durch die äußere

Schönheit der Natur, sondern durch die innere Schönheit der Herzen ihrer Bewohner, die durch Max' Beispiel gelernt hatten, die wahre Bedeutung von Menschlichkeit zu verstehen.

Das Ende der Reise Kapitel 5 -5

Die Brücke der Herzen

In der kleinen Stadt Himmelreich lebte ein Mädchen namens Clara, die für ihre einfühlsame Natur bekannt war. Clara hatte die besondere Gabe, die Gefühle der Menschen um sie herum zu spüren. Doch diese Gabe war auch eine Bürde, denn die Sorgen und Ängste der anderen lasteten oft schwer auf ihr. Clara fühlte sich oft überwältigt und suchte Zuflucht in der Stille des nahegelegenen Waldes.

Im Wald traf Clara eines Tages auf einen alten Mann namens Herr Braun, der in einer abgelegenen Hütte lebte. Herr Braun war ein ehemaliger Psychotherapeut, der sich nach seiner Pensionierung in die Einsamkeit zurückgezogen hatte. Er bemerkte Claras Besorgnis und lud sie ein, sich mit ihm zu setzen und zu sprechen.

„Erzähl mir von deiner Gabe," sagte Herr Braun sanft. Clara erzählte ihm von ihren Erfahrungen und wie sie oft von den Gefühlen der anderen überwältigt wurde. Herr Braun hörte aufmerksam zu und erklärte ihr, dass ihre Empathie eine große Stärke sei, die jedoch gepflegt und geschützt werden müsse.

Herr Braun lehrte Clara Techniken der Achtsamkeit und Selbstfürsorge. Er zeigte ihr, wie sie sich mental abgrenzen konnte, um nicht von den Gefühlen anderer überwältigt zu werden. Mit der Zeit lernte Clara, ihre Empathie als Brücke zu nutzen, um anderen zu helfen, ohne sich selbst dabei zu verlieren.

Clara begann, ihre neuen Fähigkeiten in der Stadt anzuwenden. Sie gründete eine Selbsthilfegruppe, in der Menschen über ihre Gefühle sprechen und sich gegenseitig unterstützen konnten. Die Gruppe wuchs schnell und wurde zu einer wichtigen Säule der Gemeinschaft.

Durch ihre Arbeit fand Clara nicht nur einen Weg, ihre Gabe positiv zu nutzen, sondern auch eine tiefere Verbindung zu sich selbst und zu den Menschen um sie herum. Sie erkannte, dass wahre Stärke darin liegt, sich selbst zu verstehen und zu pflegen, um anderen helfen zu können.
Himmelreich blühte durch Claras Engagement auf und wurde zu einer Stadt, die durch Mitgefühl und gegenseitige Unterstützung geprägt war.

Das Echo der Vergangenheit

In der lebhaften Stadt Sonnenfels lebte ein Mann namens Lukas, der als erfolgreicher Geschäftsmann bekannt war. Doch trotz seines Erfolgs fühlte Lukas eine tiefe Leere in sich. Er war ständig von einem unerklärlichen Gefühl der Unzufriedenheit und Angst geplagt. Auf Anraten eines Freundes suchte er die Hilfe von Frau Becker, einer angesehenen Therapeutin.

In den Sitzungen mit Frau Becker begann Lukas, über seine Kindheit und seine Beziehung zu seinen Eltern zu sprechen. Er erzählte von den hohen Erwartungen und dem ständigen Druck, der auf ihm lastete. Frau Becker half ihm zu erkennen, dass seine gegenwärtigen Ängste und Unsicherheiten tief in diesen vergangenen Erfahrungen verwurzelt waren.

Frau Becker führte Lukas durch eine Reihe von Übungen, um die emotionale Bindung zu seiner Vergangenheit zu lösen. Sie verwendete Methoden wie die kognitive Verhaltenstherapie und das innere Kind, um Lukas dabei zu helfen, die alten Wunden zu heilen. Schritt für Schritt lernte Lukas, sich von den alten Mustern zu befreien und ein neues Selbstbewusstsein zu entwickeln.

Eines Tages, während einer Wanderung in den Bergen, die Sonnenfels umgaben, hatte Lukas eine tiefgreifende Erkenntnis. Er erkannte, dass die Angst und Leere, die er empfand, nicht seine Feinde waren, sondern Hinweise darauf, dass er tiefere emotionale Arbeit leisten musste. Er fühlte eine neue Art von Frieden, als er verstand, dass seine Reise der Heilung ihn zu einem erfüllteren und authentischeren Leben führen würde.

Zurück in der Stadt begann Lukas, seine Erfahrungen zu teilen und andere zu ermutigen, ihre eigenen emotionalen Wunden anzugehen. Er gründete ein Zentrum für Persönlichkeitsentwicklung, das Menschen half, ihre Ängste zu überwinden und ihre wahre Stärke zu finden. Durch seine Arbeit lernte Lukas, dass das Echo der Vergangenheit nicht dazu bestimmt war, ihn zu verfolgen, sondern ihn zu führen und zu lehren.

Verse der inneren Stärke und Heilung

Die Brücke der Empathie

Ein Herz, das fühlt, so tief und klar,
spürt Weltenlast, doch ist es rar.
Durch Selbstfürsorge, achtsam fein,
wird Mitgefühl zur Brücke sein.

Die Reise der Heilung

In der Tiefe der Vergangenheit,
liegt Schmerz verborgen, stille Zeit.
Durch Mut und Arbeit, klar und rein,
wird Heilung unser Lichtlein sein.

Gewidmet meinem Freund Thorsten.

Das Echo der Berge

Ein Ruf aus alter Zeit erschallt,
in Berges Höh', im Waldes Hall.
Wer lauscht und lernt, der wird befreit,
durch Echos Klang in Ewigkeit.

Der Kreis schließt sich, und wir stehen am Ende
unserer gemeinsamen Reise durch die Geschichten
von Clara, Lukas und Max. Diese Reise hat uns
durch die Tiefen der menschlichen Psyche geführt
und gezeigt, wie die Herausforderungen des Lebens
zu Quellen der Stärke und Transformation werden
können.

Psychologisch betrachtet, haben wir gelernt, dass
Empathie, Selbstfürsorge und die Fähigkeit zur
Heilung aus der Vergangenheit entscheidende
Rollen spielen, um ein erfülltes und authentisches
Leben zu führen. Diese Elemente sind nicht nur
Werkzeuge der Selbstentdeckung, sondern auch
Brücken, die uns mit anderen Menschen und der
Welt um uns herum verbinden.

Empathie und Selbstfürsorge:

Die Geschichte von Clara lehrt uns die Bedeutung von Empathie, aber auch die Notwendigkeit, sich selbst zu schützen und zu pflegen. Empathie ist eine kostbare Gabe, die es uns ermöglicht, die Gefühle und Bedürfnisse anderer zu verstehen. Doch ohne Selbstfürsorge kann diese Gabe zur Last werden. Indem Clara lernte, Grenzen zu setzen und sich um ihr eigenes Wohlbefinden zu kümmern, fand sie die Balance, die notwendig ist, um ihre Gabe positiv zu nutzen.

Die Heilung der Vergangenheit:

Lukas' Reise zeigt uns, wie wichtig es ist, sich mit unserer Vergangenheit auseinanderzusetzen. Alte Wunden und unbewusste Muster können unser gegenwärtiges Leben beeinflussen und uns daran hindern, unser volles Potenzial zu entfalten. Durch die Arbeit mit Frau Becker lernte Lukas, diese alten Verletzungen zu erkennen und zu heilen. Dies ermöglichte ihm, seine Ängste zu überwinden und ein Leben zu führen, das nicht von seiner Vergangenheit, sondern von seinem neu gewonnenen Selbstbewusstsein geprägt war.

Mut und Hoffnung:

Max' Geschichte ist ein Zeugnis für den Mut und die Hoffnung, die in jedem von uns wohnen. Trotz seiner anfänglichen Isolation und der Schwierigkeiten, die er erlebte, fand Max durch seine Liebe zur Natur und die Unterstützung seiner Gemeinschaft seinen Platz in der Welt. Seine Reise zeigt, dass wahre Akzeptanz und Wertschätzung durch das Verständnis und die Anerkennung unserer eigenen Stärken und Schwächen entstehen.

Der Weg nach vorne:

Wenn wir uns auf diese psychologischen Prinzipien einlassen, erkennen wir, dass das Leben eine kontinuierliche Reise des Lernens und Wachsens ist. Es gibt immer Raum für Heilung, für das Finden von Balance und für das Entdecken unserer inneren Stärken. Durch Achtsamkeit, Selbstfürsorge und den Mut, uns unseren Ängsten zu stellen, können wir ein Leben führen, das von Mitgefühl und authentischen Verbindungen geprägt ist.

Diese Geschichten bieten uns nicht nur Einsichten in die menschliche Psyche, sondern auch Hoffnung und Mut für unseren eigenen Weg. Sie erinnern uns daran, dass wir nicht alleine sind, dass unsere Kämpfe Teil der menschlichen Erfahrung sind und dass es immer einen Weg gibt, unsere

Herausforderungen in Quellen der Stärke und Weisheit zu verwandeln.

Schlussgedanke:

Möge dieses Buch ein Leitfaden für dich sein, eine Quelle der Inspiration und ein Begleiter auf deiner eigenen Reise der Selbstentdeckung und Heilung. Erinnere dich daran, dass jeder Schritt, den du machst, egal wie klein er erscheinen mag, ein Schritt in Richtung deines wahren Selbst ist. Und möge die Hoffnung und der Mut, die in diesen Geschichten liegen, dir die Kraft geben, deine eigenen Herausforderungen zu meistern und ein Leben voller Mitgefühl, Stärke und Freude zu führen.

The End

In Tiefen und in Höhen weit,
begleitet uns die stille Zeit.
Mit Mut und Hoffnung, klar und rein,
wird unser Herz ein Leuchtstern sein.

Für meine geliebte Stephanie

Dieses Buch widme ich dir, meine Frau, meine beste Freundin und mein größtes Glück. Mit dir an meiner Seite fühlt sich jeder Tag reicher, jeder Moment wertvoller und jede Geschichte lebendiger an. Möge dieses Buch dich begleiten, so wie du mich auf meinem Lebensweg begleitest – mit Liebe, Wärme und unendlicher Geduld.

Für immer dein,

Manuel

"In Darkness, We Find Our Light."